ÉTUDE DE DROIT INTERNATIONAL PUBLIC

LES

ANNEXIONS ET LES PLÉBISCITES

DANS

L'HISTOIRE CONTEMPORAINE

PAR

E. ROUARD DE CARD

DOCTEUR EN DROIT, PROFESSEUR CHARGÉ DE COURS A L'ÉCOLE SUPÉRIEURE
DE DROIT D'ALGER.

PARIS

ERNEST THORIN, ÉDITEUR

Libraire du Collège de France, de l'École normale supérieure,
des Écoles françaises d'Athènes et de Rome

7, RUE DE MÉDICIS, 7

—

1880

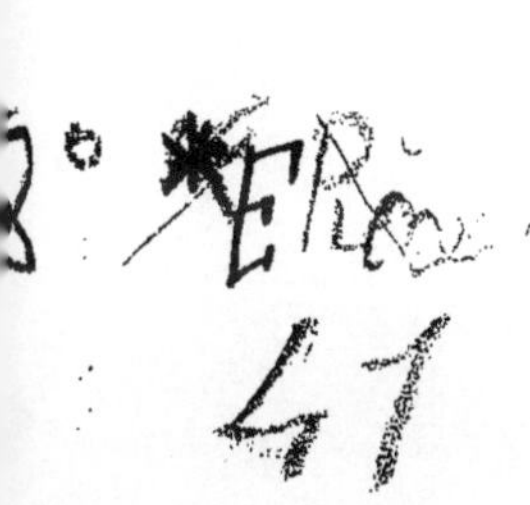

ÉTUDE DE DROIT INTERNATIONAL PUBLIC

LES

ANNEXIONS ET LES PLÉBISCITES

DANS

L'HISTOIRE CONTEMPORAINE

TOULOUSE. — IMP. A. CHAUVIN ET FILS, RUE DES SALENQUES, 28.

LES
ANNEXIONS ET LES PLÉBISCITES

DANS

L'HISTOIRE CONTEMPORAINE

PAR

E. ROUARD DE CARD

DOCTEUR EN DROIT, PROFESSEUR CHARGÉ DE COURS A L'ÉCOLE SUPÉRIEURE
DE DROIT D'ALGER.

PARIS

ERNEST THORIN, ÉDITEUR

Libraire du Collège de France, de l'École normale supérieure,
des Écoles françaises d'Athènes et de Rome

7, RUE DE MÉDICIS, 7

1880

ÉTUDE DE DROIT INTERNATIONAL PUBLIC

LES

ANNEXIONS ET LES PLÉBISCITES

DANS

L'HISTOIRE CONTEMPORAINE

La conquête violente et brutale, trop fréquente encore, soulève de nos jours, lorsqu'elle se produit, une réprobation générale. C'est que la force n'est plus, comme au moyen âge, la maîtresse du monde ; elle voit se dresser devant elle les barrières élevées par la civilisation. Il y a dans ce revirement de l'opinion publique un progrès incontestable dont tout homme exempt de préjugés doit reconnaître l'importance. Il suffit, en effet, de jeter les regards un peu en arrière pour comprendre quelle heureuse évolution a été accomplie par l'humanité.

Pendant longtemps, les princes victorieux disposèrent des territoires et des peuples suivant leurs caprices, étouffant les réclamations sous le poids de leurs sabres. L'histoire, à des époques assez proches de nous, est remplie de douloureux récits.

Le 25 juillet 1772, l'Autriche, la Prusse et la Russie font entre elles le partage de la Pologne, invoquant les dissensions intestines qu'elles ont suscitées dans ce malheureux pays. Pour accomplir ce détestable projet, Frédéric II comptait sur la faiblesse, peut-être même sur la complicité morale des autres Etats (1). Il ne se trompait point : ses prévisions devaient pleinement se réaliser. L'Angleterre et l'Espagne, pour des motifs divers, gardèrent le silence. La France, de son côté, paralysée par sa détresse financière et mal dirigée par ses ministres, n'osa pas défendre la cause des Polonais qu'elle devait plus tard embrasser avec un si grand désintéressement. Quelques philosophes, et particulièrement d'Alembert, essayèrent en vain de toucher le cœur de la reine Catherine. La pauvre Pologne disparut, laissant ses voisins avides se distribuer entre eux ses dépouilles.

L'Europe assista, en 1815, à un spectacle plus navrant encore. Dans le congrès de Vienne, tristement célèbre, on modifia les frontières de plusieurs Etats, et avec des lambeaux arrachés çà et là on constitua de nouvelles principautés : en un mot, on se livra à un travail de morcellement jusqu'alors inconnu. Quatre grandes puissances imposèrent ainsi leur volonté aux autres nations et affirmèrent leur omnipotence. Que leur importait le respect de la justice? Elles voulaient avant tout satisfaire leur égoïsme et leur ambition. « Vous me parlez toujours de » principes, disait Alexandre Ier à M. de Talleyrand ; votre droit public » n'est rien pour moi : je ne sais pas ce que c'est. Quel cas croyez-vous que je » fasse de tous vos parchemins et de vos traités (2)? »

Ces iniquités se sont reproduites plus d'une fois dans ce siècle, mais elles ont été énergiquement blâmées. La conscience publique s'est émue enfin de ces procédés barbares qui méconnaissent tous les sentiments du cœur humain. Elle a élevé la voix au nom de ces milliers d'habitants qu'on arrache tout à coup à leurs intérêts et à leurs affections. Quelques hommes d'état, entraînés par ce mouvement général, ont écouté ces justes revendications. Ils ont cherché à rendre les conquêtes plus régulières et par conséquent plus durables en les faisant sanctionner par les véritables intéressés. Quoi de plus naturel que de demander aux habitants d'un pays s'ils veulent rester

---

(1) Lettre de Frédéric II au comte de Solms. Guizot, *Histoire de France*, voir p. 219.

(2) Lettre de Talleyrand à Louis XVIII, 4 octobre 1816.

unis à leur ancienne patrie, ou si, au contraire, ils désirent suivre les destinées d'une autre nation! Quoi de plus raisonnable que de les consulter sur un projet auquel sont liés étroitement leur prospérité et leur repos! Désormais tout traité qui portera annexion d'un territoire appartenant à un Etat régulièrement constitué devra être soumis au vote des populations.

Ainsi se présente cette théorie des plébiscites, par laquelle on a essayé de concilier les droits du vainqueur avec les légitimes exigences de la morale et de l'humanité. Elle fut, à son apparition, saluée comme un moyen propre à empêcher de nouvelles spoliations. Préconisée par les publicistes, développée au sein des sociétés savantes, appliquée dans de fréquentes occasions, elle fit naître dans le monde politique de grandes espérances. Mais, comme toute idée nouvelle, après avoir eu un instant de succès, elle fut peu à peu mise de côté et elle finit par tomber dans l'oubli. L'enthousiasme avait été exagéré : la défaveur ne fut pas mieux justifiée. Un événement, peu important en lui-même, la rétrocession de l'île Saint-Barthélemy à la France, a attiré de nouveau l'attention publique sur cette question. Aussi le moment nous paraît-il bien choisi pour approfondir un sujet qui, jusqu'à ce jour, a été examiné d'une façon superficielle. Il peut être utile d'indiquer quel est au fond ce système qui intéresse à un si haut degré les destinées du droit international. Quel a été son développement dans l'histoire et quelle est sa valeur au point de vue théorique et pratique? C'est à ces deux questions que nous allons répondre, en évitant, autant que possible, de tomber dans de fâcheuses exagérations.

I

La théorie des plébiscites en matière d'annexion n'a point pour elle l'autorité du temps : elle se montre à nous comme une nouveauté. Vainement on lui chercherait des précédents dans les annales de Rome ou de la Grèce. L'histoire même de notre propre pays, antérieurement à la seconde moitié de ce siècle, ne pourrait fournir d'utiles renseignements. Cependant un écrivain distingué a cité, dans un ouvrage récent, deux grands faits relatifs à la France dans lesquels il a cru découvrir le germe du principe nouveau (1).

Le roi Jean, captif de l'Angleterre à la suite d'une guerre malheureuse et voulant recouvrer sa liberté, signa le traité de Brétigny qui portait un coup terrible aux intérêts du royaume (1359). Par cet arrangement, il abandonnait la moitié occidentale de la France, de Calais à Bayonne, et promettait le paiement de quatre millions d'écus d'or. Le dauphin régent, dès qu'il reçut le texte de cette paix humiliante, comprit quels obstacles allait rencontrer l'exécution d'une pareille convention. Aussi, pour mettre sa responsabilité à couvert, il résolut de consulter les représentants du pays. Les gens d'église, les nobles, les députés des bonnes villes furent immédiatement convoqués. En présence des Etats assemblés, lecture fut donnée de cet acte qui diminuait sensiblement le territoire de la France. Des murmures s'élevèrent de toutes parts et l'indignation fut portée à son comble. Les Etats ne pouvaient accepter des clauses si onéreuses qui avaient été arrachées à la faiblesse de leur souverain (2). Ils firent entendre une protestation énergique qui a été reproduite par Froissard sous sa forme naïve : « Ils respondirent d'une voix qu'ils » auraient plus cher à endurer et porter encore le meschef et misère où ils étaient » que le noble royaume fut ainsi amoindri, ni deffraudé et que le roy Jehan demeu- » rat encore en Angleterre et que, quand il plairait Dieu, il y pourverrait remède » et mestrait attrempance. » La convention fut donc repoussée comme n'étant « passable ni faisable. »

Par le traité de Madrid, François Ier avait abandonné la Bourgogne et ses dépendances (1527). Mais quand vint le moment de l'exécution, il craignit de diminuer sa popularité en accomplissant seul un acte si grave. Par respect de ses sujets et peut-être par désir d'éluder ses promesses, il résolut de se soumettre à la décision que prendraient les Etats de Bourgogne. Les députés réunis à Cognac au mois de juin n'hésitèrent pas à condamner cette cession « comme contraire aux lois du royaume, aux droits du » roi, qui ne pouvait aliéner de sa propre autorité aucune portion de ses Etats,

----

(1) De La Guéronnière, *Le droit public et l'Europe moderne*, I, p. 435.
(2) Guizot, *Histoire de France*, II, p. 161.

» et au serment de son sacre, supérieur à ses serments de Madrid (1). » Cette déclaration déliait le roi de son engagement et devait avoir pour conséquence la reprise des hostilités.

Sans doute, ces deux faits historiques présentent un certain intérêt au point de vue politique, mais ils ne sauraient être considérés comme les origines de la théorie que nous étudions. Il ne faut pas s'arrêter à la surface et se laisser tromper par les apparences.

Notons d'abord que dans ces deux récits nous ne trouvons aucune trace d'un vote populaire ; nous sommes en présence d'Etats régulièrement constitués et composés de privilégiés. Mais il faut aller plus loin encore. Lors du traité de Brétigny, on n'interroge pas seulement les députés des pays abandonnés à l'Angleterre, on appelle dans une délibération les délégués de la France entière. Ces déclarations ne ressemblent donc point à nos plébiscites modernes : elles peuvent être comparées à la ratification des traités que le souverain, sous un régime constitutionnel doit de nos jours demander aux représentants de la nation.

Ainsi, dans ce travail, nous devons négliger les siècles passés pour nous renfermer uniquement dans le présent. Presque toutes les applications de cette théorie, à l'exception d'une seule, se rattachent à l'indépendance de l'Italie, c'est-à-dire à cette lutte mémorable qui commence à Montebello (1859) et qui a pour dénouement la prise de Rome (1870). Cette grande œuvre, que M. de Cavour avait annoncée dans le congrès de Paris (1850), devait s'accomplir, suivant le mot d'un écrivain, « par soubresauts, à coup de révolutions, par les plébiscites (2). « Faire l'histoire de notre question, c'est donc retracer les efforts prodigieux et les progrès incessants de ce petit royaume de Sardaigne qui allait s'étendre bientôt « depuis les Alpes jusqu'à l'Adriatique. »

Du reste, deux hommes ont prêté un grand appui à ce système : Victor-Emmanuel et Napoléon III. Ces deux souverains, déployant toute leur activité, ont défendu les mêmes principes,

____

(1) *Id.*, III, p. 96.
(2) De la Guéronnière, *op. cit.*, I, p. 346.

en obéissant toutefois à des mobiles différents. Le premier était un politique habile qui poursuivait un résultat immédiat et pratique ; le second était un rêveur qui s'abandonnait à de vagues aspirations et qui marchait à la recherche d'une « grande idée. »

Le roi de Sardaigne voulait amener la réunion dans la même main de tous les Etats italiens. Pour arriver à ce but, il allait demander à la révolution le renversement des princes et des ducs, tantôt encourageant secrètement Garibaldi, tantôt assumant sur sa tête toutes les responsabilités de l'entreprise. Puis, afin d'atténuer le mauvais effet produit par cette attitude peu correcte, il était résolu à opposer au mécontentement des gouvernements européens les votes enthousiastes des populations.

L'empereur des Français n'espérait pas un profit si direct : il désirait avant tout le triomphe d'une pensée qu'il avait longtemps caressée. Peut-être aussi, tout en exerçant un pouvoir absolu à l'intérieur, voulait-il affecter un certain libéralisme et attirer à lui par ce moyen la confiance des masses. Toutes ces suppositions sont acceptables si l'on tient compte des contradictions que la nature et l'éducation avaient déposées dans cet esprit. Finalement, quoique séparés profondément par le caractère et par les tendances, ces deux chefs de gouvernement saisirent toutes les occasions de proclamer le droit des populations. De 1859 à 1870, les graves événements qui s'accomplirent donnèrent lieu à d'éclatantes manifestations.

Après la fameuse rupture de 1857 motivée par l'attitude provoquante de l'Autriche, l'empereur des Français, soit par un sentiment d'amitié, soit par des raisons politiques, se prononça nettement pour le roi de Sardaigne et mobilisa ses troupes (29 avril 1859). Les armées des deux pays, unissant leurs efforts, refoulèrent les Autrichiens à Montebello (20 mai), à Palestro (30 mai), à Magenta (4 juin). Après la victoire de Solférino, qui avait été vivement disputée (24 juin), Napoléon III, prévoyant des complications du côté de l'Allemagne et redoutant le fameux quadrilatère, s'arrêta tout à coup au milieu de ses succès et proposa les bases d'un arrangement. Le 11 juillet, les préliminaires de paix furent signés à Villafranca. L'empereur d'Autriche cédait ses droits sur la Lombardie, à l'exception des duchés de Mantoue et de Peschiera, à l'empereur des Français qui devait faire la remise de ce territoire au roi de Sardaigne. Deux traités, conclus à Zurich, l'un entre la France et l'Autriche, l'autre entre la France et la Sardaigne, confirmaient cet abandon et réglaient les clauses accessoires (1).

Pendant que ces faits s'accomplissaient avec une rapidité prodigieuse, l'idée de l'unité envahissait toute la péninsule. Sans attendre l'issue de la lutte, des provinces de l'Italie centrale et particulièrement la Romagne avaient renversé leurs souverains et constitué des gouvernements provisoires : elles prétendaient régler librement leurs destinées futures.

Les duchés de Parme, de Modène et de Florence avaient pris une résolution plus hardie. S'affranchissant de toute autorité, ils avaient voté avec enthousiasme leur réunion au Piémont (20 et 27 août 1859).

Les Légations avaient imité cet exemple (10 septembre 1859).

Victor-Emmanuel, quoique lié par le traité de Zurich, qui limitait les agrandissements de la Sardaigne, trouva le moment favorable pour réaliser ses vastes projets. Invoquant l'élan général qui entraînait vers lui les populations italiennes, il prononça l'annexion de ces diverses principautés (février et mars 1860).

La Toscane et l'Emilie, qui avaient manifesté leurs aspirations par un vote populaire, vinrent aussi se grouper autour du Piémont (11-15 mars 1860).

Toutes les combinaisons formées pour l'organisation de l'Italie centrale devenaient inutiles : la création d'une vaste confédération sous la présidence honoraire du saint-père devait être abandonnée, et la réunion d'un congrès, pour régler ces questions, ne présentait plus aucun intérêt (2).

Cependant la France qui, au début, avait soutenu avec empressement l'indépendance italienne, commençait à s'inquiéter. Cette défiance apparut dans le discours prononcé à l'ouverture des chambres (session de 1860-61). Il était désormais impossible

---

(1) De Clercq, *Recueil des traités de la France*, VII, 1856-59.

(2) De La Guéronnière, *op. cit.*, I, 350. Voyez aussi la lettre du 20 octobre 1859 écrite par Napoléon à Victor-Emmanuel.

de suivre le royaume de Sardaigne « dans une politique qui avait le tort
» de paraître, aux yeux de l'Europe, vouloir absorber tous les Etats de l'Italie et
» menaçait de nouvelles conflagrations (1). »

Pour protéger notre frontière méridionale contre un voisin qui
devenait chaque jour plus puissant, Napoléon III exigea de la
Sardaigne la cession de Nice et de la Savoie. Cette prétention
causa d'abord un certain étonnement ; mais elle ne pouvait
être repoussée, parce qu'un refus aurait fait naître de graves
difficultés.

Un traité signé, le 24 mars 1869, entre le baron de Talley-
rand-Périgord et le comte de Cavour, portait abandon du territoire réclamé, mais réservait formellement la ratification par le
Parlement et l'adhésion des habitants. L'article 1 portait en effet :
« S. M. le roi de Sardaigne consent à la réunion de la Savoie et de l'arrondisse-
» ment de Nice à la France, et renonce pour lui et tous ses descendants et succes-
» seurs, en faveur de S. M. l'empereur des Français, à ses droits et titres sur les-
» dits territoires. Il est entendu entre Leurs Majestés que cette réunion sera effectuée
» sans nulle contrainte de la volonté des populations et que les gouvernements de
» l'empereur des Français et du roi de Sardaigne se concerteront le plus tôt possi-
» ble sur les meilleurs moyens d'apprécier et de constater la manifestation de cette
» volonté (2). » Ainsi, pour la première fois, la théorie des plébiscites était officiellement reconnue et prenait place parmi les
clauses d'un acte diplomatique.

Le parlement sarde accomplit avec quelque peine le sacrifice
qu'on demandait à son patriotisme. Quant aux populations, elles
acceptèrent l'annexion avec une imposante majorité. M. Thou-
venel, dans une lettre adressée à l'empereur le 11 juin 1860,
insistait avec raison sur l'attitude à la fois correcte et libérale
des deux gouvernements. « Le parlement sarde, écrivait-il, vient de
» sanctionner par un vote solennel la cession opérée d'abord par le souverain et ra-
» tifiée ensuite par le vœu des populations destinées à devenir françaises. Jamais
» légitimité d'une transaction internationale ne fut plus solidement établie (3). »

Cependant l'incident soulevé par la France n'avait pu arracher
les Italiens à leur préoccupation dominante. Pour éviter les
lenteurs et pour supprimer toutes les entraves, les Chambres
sardes avaient pris une décision importante. Une loi proposée
et votée par la session d'octobre 1860 portait : « Le gouvernement

<hr>

(1) De La Guéronnière, *op. cit.*, I, 354.
(2) De Clercq, *Recueils des traités de la France*, VIII, 1860-63.
(3) De Clercq, *ibid.*, VIII, 1860-63.

» du roi est autorisé à accepter et à établir par décrets royaux l'annexion à l'Etat
» des provinces de l'Italie centrale et méridionale dans lesquelles se manifestera
» librement, par le suffrage direct universel, la volonté des populations de faire par-
» tie intégrante de notre monarchie constitutionnelle. »

A peine adoptée, cette disposition recevait de fréquentes applications. Bientôt, en effet, le rêve de M. de Cavour allait devenir une réalité : les derniers princes de l'Italie se retiraient
devant la Révolution.

Garibaldi, porté par la faveur populaire, ne pouvait contenir
son esprit impatient et désirait brusquer l'entreprise. Appelé
par les patriotes du pays, il débarque en Sicile et prend Palerme
après un siège de trois jours. Puis, quittant Messine, il passe
le détroit et entre dans Naples avec une petite troupe de volontaires (7 septembre 1860). Se voyant maître de la situation, il se
proclame dictateur et publie le décret suivant : « Les Deux-Siciles,
» qui doivent leur rédemption au sang italien et qui m'ont librement élu dictateur,
» font partie intégrante de l'Italie une et indivisible avec son roi eonstitutionnel
» Victor-Emmanuel et ses descendants. » (15 octobre 1860) (1).

Pendant ce temps, François II, roi des Deux-Siciles, esprit
absolu et aveuglé de préjugés, s'efforçait de sauver sa couronne
gravement compromise. Pour arrêter l'insurrectien, il essayait
d'inaugurer une politique plus libérale; mais il vit ses conces-
sions tardives repoussées et il se résigna à quitter sa capitale.

Cette campagne, qui avait pleinement réussi, avait été fort
mal accueillie par les cours étrangères. Afin de dégager sa responsabilité, le gouvernement sarde feignit de se séparer de Garibaldi, auquel il n'avait cessé de prêter son appui moral. Ré-
pondant aux réclamations de la France, M. de Cavour s'exprimait
ainsi dans sa note du 15 mai 1860 : « La Sardaigne condamne l'expédition
» de Garibaldi tout aussi sévèrement que la France peut le faire; mais quoique son
» audacieuse expédition soit contraire aux intérêts du Piémont, elle s'adresse aux
» sympathies du peuple pour lequel Garibaldi est un héros. Le gouvernement ne
» peut agir contre un homme qui dispose d'une force populaire si considérable (2). »
Ce langage était habile, mais il manquait de franchise : per-
sonne en Europe ne se laissa tromper par ces paroles rassurantes.

En restant dans l'inaction, Victor-Emmanuel compromettait
sans profit la cause nationale et abandonnait Naples à l'anar-
chie. Aussi, dès que le moment favorable s'offrit, il jeta le mas-

(1) *Archives diplomatiques*, I, 1861.
(2) Lawrence, *Commentaire sur le droit international*, II.

que et vint rejoindre Garibaldi. S'associant à tous les actes du dictateur, il reçut avec empressement les vœux des Siciliens qui, dans un plébiscite du 21 octobre, s'étaient volontairement placés sous son autorité. A son entrée à Naples (7 nov. 1860), il lança une proclamation dans laquelle il ratifiait pleinement l'œuvre de la révolution.

« Aux peuples napolitains et siciliens :

» Le suffrage universel me donne le souverain pouvoir de ces nobles provinces. » J'accepte ce solennel décret de la volonté nationale, non par ambition de règne, » mais par conscience d'Italien (1). »

A la nouvelle de ces événements, qui renversaient ses dernières espérances, François II, enfermé dans la citadelle de Gaëte, essaya de protester. Dans une note du 8 novembre 1860, envoyée à ses agents diplomatiques, son ministre des affaires étrangères s'élevait contre ce plébiscite destitué, suivant lui, de toute valeur. Il alléguait que six jours avant la convocation des comices, Garibaldi, allant au-devant de la volonté populaire, avait décidé solennellement, en vertu de son autorité dictatoriale, que les Deux-Siciles faisaient partie intégrante de l'Italie sous le roi constitutionnel Victor-Emmanuel. Il signalait aussi des faits de pression qui avaient vicié les opérations en supprimant toute liberté :

« Tous les journaux ont porté à votre connaissance que concurremment avec » l'injustifiable invasion des troupes sardes sur le territoire du royaume, le gou- » vernement révolutionnaire de Naples a décrété un plébiscite d'après lequel le » peuple, réuni en comices, devait voter, par le suffrage universel, l'absorption de » la monarchie, la déchéance de la dynastie qui règne depuis plus d'un siècle et » la translation de la couronne au roi de Sardaigne. En Sicile, où la révolution » avait décidé la convocation d'un parlement pour résoudre cette question, la me- » sure a été révoquée et, conformément aux instructions données de Naples, le » même plébiscite a été décrété avec cette même formule :

» Le peuple veut l'Italie une et indivisible avec Victor-Emmanuel, roi constitu- » tionnel et ses légitimes descendants.

» Le plébiscite a été voté et le résultat a été tel que les circonstances devaient » le donner. Le peuple entier a paru accepter sans discussion, sans obstacle, » sans différence d'opinions un changement aussi radical de ses destinées. A » peine pour rendre plus vraisemblable cette comédie révolutionnaire, a-t-on fait » figurer un nombre insignifiant de votes négatifs... Il y a une violation manifeste » de tous les droits reconnus par les lois et les traités, violation qui ne peut se » justifier par la volonté populaire, attendu qu'elle est imposée par la violence et » la révolution au-dedans et par la force des armes étrangères (2). »

(1) *Archives diplomatiques*, I, 1861.
(2) *Archives diplomatiques*, I, 1861.

Ces allégations, qui contenaient, il faut l'avouer, une grande part de vérité devaient rester vaines. En d'autres temps, elles auraient pu émouvoir l'opinion publique et amener de vives critiques, mais quelle force pouvaient-elles avoir au milieu de cette ivresse générale qui envahissait le cœur des Italiens à la seule pensée de la grande unité !

François II résista quelque temps encore dans la citadelle de Gaëte aux efforts de l'armée piémontaise; puis, ayant épuisé ses dernières ressources, il livra la place et partit pour Rome sur le vaisseau français *la Mouette* (13 février 1861). Ainsi disparut le royaume des Deux-Siciles qui formait un obstacle aux projets de M. de Cavour.

Encouragé par ses éclatants succès, Garibaldi continua sa marche et envahit les Etats pontificaux (septembre 1860). La cour de Rome, pour repousser cette agression, organisa un corps de volontaires. M. de Cavour déclara que le Piémont se trouvait menacé par la réunion de ces troupes sur les frontières. Saisissant ce prétexte que l'imprudence de ses adversaires lui avait fourni, il donna ordre au général Cialdini de pénétrer sur le territoire romain. Le général Lamoricière se fit écraser à Castelfidardo après avoir lutté bravement à la tête des défenseurs du saint-siège (18 sept. 1860). Les Piémontais occupèrent les Etats de l'Eglise, sauf Rome et le territoire voisin de cette ville.

Sur ces entrefaites, les habitants des Marches et de l'Ombrie, réunis dans leurs comices (4 et 5 novembre 1860), décidèrent, par un vote universel, avec 131,775 suffrages affirmatifs contre 1,212 négatifs dans la première province et avec 97,040 votes affirmatifs contre 380 négatifs dans la seconde que leurs pays feraient désormais partie de la monarchie constitutionnelle de Victor-Emmanuel.

Le roi de Sardaigne, le 22 novembre 1860, à Naples, dans la salle du trône du Palais-Royal, acceptant pour lui et ses descendants le résultat du vote que lui apportaient les commissaires et les députations des Marches et de l'Ombrie, exprima
« combien il était heureux de ce que le concours de ces estimables provinces » constituât la nationalité italienne dans un Etat unique et de ce que le sort de la

» patrie commune fût uni indissolublement au sort de sa maison, liés par un pacte
» de liberté et de croyance (1). »

La cour de Rome ne pouvait supporter sans se plaindre cet amoindrissement de ses Etats. Le cardinal Antonelli chercha, par une énergique protestation, à réveiller les sympathies des pays catholiques au profit du saint-père. Le 4 novembre 1860, il condamna, dans une lettre énergique, la politique de la Sardaigne.

« Il ne s'agit pas aujourd'hui, écrivait-il, de formuler des observations et des
» plaintes sur le mode de votation abusive; ce qu'il importe, c'est de censurer et
» de réprouver hautement un tel abus et un tel désordre par lesquels on cherche-
» rait à introduire un principe éminemment révolutionnaire et destructif des légi-
» times souverains (2). »

Dans cette circulaire, on ne s'élevait pas seulement contre des actes arbitraires : on contestait la légitimité et la valeur du suffrage universel lui-même. Cette exagération allait contre le but qu'on se proposait. La France et la Russie, après avoir retiré leurs ambassadeurs, reculèrent devant une intervention dont les conséquences pouvaient être très graves.

Après ces heureux résultats, le sénat italien témoigna sa reconnaissance à Victor-Emmanuel, en lui décernant, à la majorité de 129 voix contre 2, le titre de roi d'Italie (26 février 1861). La Chambre des députés se prononça dans le même sens à la majorité de 293 voix contre 1.

Quelques mois après le comte de Cavour quittait la scène du monde, emportant dans le tombeau la consolation d'avoir vu s'accomplir en partie la tâche qu'il avait imposée à son esprit habile et infatigable (6 juin 1861). A cette date, en effet, deux vestiges du passé restaient seuls debout : la Vénétie, qui par la présence des Autrichiens retardait l'indépendance complète, et le patrimoine de saint Pierre, qui enlevait à l'Italie unifiée sa véritable capitale. Ces derniers obstacles devaient disparaître sans grands sacrifices au milieu des agitations qui devaient bientôt bouleverser l'Europe.

Lorsqu'une rivalité séculaire amena une rupture violente entre la Prusse et l'Autriche, à l'occasion des duchés danois (1866), le cabinet prussien tourna aussitôt les yeux du côté de l'Italie

(1) *Archives diplomatiques*, I, 1861.
(2) *Ibid.*, I, 1861.

où il comptait trouver un appui : « L'esprit pénétrant de M. de Bismark
» avait bien vite compris qu'il fallait nouer à Florence la grande partie qu'il devait
» gagner à Sadowa et promettre au roi Victor-Emmanuel la liberté de Venise, afin
» d'isoler l'Autriche et de neutraliser la France (1). »

En face de propositions qui laissaient entrevoir la fin de la
domination étrangère, l'hésitation n'était plus possible : Victor-
Emmanuel promit son concours et se jeta résolument dans la
lutte. La campagne fut menée avec une rapidité foudroyante.
Les Autrichiens battirent l'armée italienne à Custozza (24 juin
1866), mais ils furent écrasés à Sadowa sous le feu des fusils à
aiguille (3 juillet). Pour éviter ne nouveaux désastres et pour
arrêter la marche des Prussiens, l'Autriche comprit qu'elle devait courber la tête. Reconnaissant alors la justesse des observations présentées par la France à la date du 11 juin, elle céda
la Vénétie à Napoléon III et le pria de faire des démarches en
faveur de la paix (5 juillet) (2). Le gouvernement français ap-
prouva cette conduite et offrit aussitôt ses bons offices aux bel-
ligérants. La médiation obtint un entier succès. La Prusse, qui
avait pénétré déjà dans la Bavière, consentit à entamer des négociations avec l'Autriche.

Des préliminaires de paix furent signés à Nikolsbourg entre
les deux Etats (26 juillet). D'après l'article 6, le roi de Prusse
« prenait l'engagement de décider le roi d'Italie son allié à donner son approba-
» tion aux préliminaires de la paix et à l'armistice basé sur ces préliminaires, dès
» que, par une déclaration de l'empereur des Français, le royaume vénitien aurait
» été remis à la disposition du roi d'Italie (3). »

Après le traité définitif de Prague (23 août), qui excluait l'Autriche de la confédération germanique et confirmait les conquêtes de la Prusse, l'empereur des Français, par une convention
avec l'empereur d'Autriche, acceptait le royaume Lombard-Vénitien et s'engageait à l'abandonner aussitôt à l'Italie. Cet arrangement ne paraissait devoir soulever aucune objection. Néan-
moins le cabinet italien, malgré le double échec essuyé à Custozza
et à Lissa, opposa une grande froideur à toutes les démarches.
Il voyait avec peine l'immixtion de la France dans cette affaire,
et il aurait voulu obtenir directement des mains de l'Autriche les

(1) De La Guéronnière, *op. cit.*, I, 368.
(2) *Moniteur universel.*
(3) Lawrence, *Commentaire sur le droit international*, II.

provinces cédées. Après quelques hésitations il se décida pourtant à mettre de côté ses susceptibilités. Une convention d'armistice signée le 12 août fut suivie d'un traité de paix (3 octobre), par lequel « S. M. l'empereur des Français se déclarait prêt à reconnaître la » réunion du royaume lombard-vénitien aux Etats de S. M. le roi d'Italie sous ré- » serve du consentement des populations dûment consultées (1). »

Le 9 octobre, la Vénétie fut livrée par l'Autriche à la France. Le général Lebœuf, commissaire du gouvernement français, déclara ensuite remettre le pays cédé à lui-même, donnant aux populations, maîtresses de leurs destinées, la faculté d'exprimer librement par le suffrage universel leurs vœux au sujet de l'annexion. A ce propos, il indiqua, dans une allocution, quelles étaient les vues personnelles de l'empereur des Français. « Par respect pour le droit des nationalités et pour la dignité des peuples, » disait-il, l'empereur a voulu laisser aux Vénitiens le soin de manifester leur » vœu. Ils sont dignes de comprendre cet hommage rendu à la souveraineté popu- » laire sur laquelle reposent les gouvernements de France et d'Italie (2). »

Les habitants acceptèrent aussitôt, par des suffrages très significatifs, la nouvelle situation qui leur était offerte (21-22 oct.).

Après la réunion de la Vénétie, la nécessité d'établir le siège du gouvernement italien à Rome se faisait plus fortement sentir. Les agitations de l'Europe allaient permettre aux Italiens de porter cette dernière pierre à l'édifice national. Tandis que l'attention générale était dirigée vers la lutte qui divisait l'Allemagne et la France (1870), les troupes italiennes pénétraient dans les Etats de l'Eglise et venaient mettre le siège devant Rome (11 sept. 1870). La résistance fut de courte durée. Après une tentative faite inutilement pour prévenir l'effusion du sang, le général Cadorna reçut l'ordre d'ouvrir le feu contre les remparts (19 sept.). Le 20, au matin, deux brèches furent ouvertes et quelques heures après les Italiens arrivaient par deux portes dans la ville éternelle. Pour éviter le combat dans les rues qui aurait été sanglant, le pape fit arborer le drapeau blanc. Le général Kanzler, chef des forces papales, signa la capitulation par laquelle il remettait la place aux mains du général Cadorna.

(1) *Archives diplomatiques*, IV, 1866.
(2) *Ibid.*, I, 1867.

Ainsi se termina cette expédition qui avait coûté à l'Italie une centaine de soldats.

Le 29 septembre, fut affichée la proclamation de la junte aux Romains qui proposait la formule suivante du plébiscite : « Nous voulons notre union au royaume d'Italie sous le gouvernement de Victor- » Emmanuel II et de ses successeurs (1). » Le vote donna pour résultat 133,681 oui contre 1,567 non (2 octobre).

Le 9 octobre, Victor-Emmanuel reçut les députations de Rome et des provinces romaines avec les paroles suivantes « Le plébis- » cite, prononcé avec un si merveilleux accord par le peuple romain est ac- » cueilli avec une joyeuse unanimité dans toutes les parties du royaume et il » consacre de nouveau les bases de notre édifice national, il montre une fois » de plus que si nous devons beaucoup à la fortune, nous devons bien davantage » encore à la justice de notre cause (2). » Le roi, s'appuyant sur la loi du 17 mars 1861 et sur les votes exprimés, décréta la réunion dé- finitive de Rome et des provinces romaines et affirma le principe « que la domination temporelle de l'Eglise ayant cessé, on devait assurer l'indé- » pendance et l'autorité spirituelle du souverain pontife (3). »

Rome devint la capitale de l'Italie unifiée (1er février 1871). « Ce dénouement, dit un écrivain, a rencontré l'inflexible et persistante pro- » testation de Pie IX. L'Europe s'est enfermée dans l'abstention qui s'imposait à » nous-mêmes (4). »

Après cette importante application, la théorie des plébiscites parut oubliée au milieu du vertige qui entraînait les nations vers le culte de la force. Qu'importait le vœu des populations, à la Prusse, qui avait brusquement attiré à elle le Hanovre, la Hesse électorale, le duché de Nassau, la ville libre de Franc- fort, les duchés de Sleswig et de Holstein (1866)! M. de Bis- mark se souciait peu de consulter l'Alsace et la Lorraine, qu'il enlevait à la France après une guerre impitoyable. Peut-être le chancelier allemand redoutait-il l'expression de suffrages qui auraient été contraires à ses desseins!

Mais tandis que la notion du droit tendait à s'effacer en Eu- rope, la France, malgré ses désastres, restait fidèle au principe qu'elle avait soutenu avec ardeur en des temps plus favorables. Aussi, dans une occasion qui vient de s'offrir, elle a su mon-

(1) *Archives diplomatiques*, II, 1874.
(2) *Gazette officielle de Florence*, 9 oct. 1870.
(3) *Archives diplomatiques*, II, 1874.
(4) De La Guéronnière, *op. cit.*, I, 382.

trer qu'elle restait attachée aux idées de justice et d'humanité.

L'île de Saint-Barthélemy dans les Antilles, après avoir appartenu à la domination française pendant un siècle et demi environ, fut donnée à la Suède en 1784 « en échange et par » voie de compensation des avantages résultant de l'établisse- » ment et de la concession de l'entrepôt de Gothembourg pour » le commerce et la navigation de la France. »

Cette colonie était peu utile à un pays qui n'avait dans ces parages aucune possession ; elle offrait une importance maritime assez restreinte et dès lors elle grevait sans profit le budget de la métropole. Aussi le cabinet suédois, au commencement de 1877, proposa à la France de lui rétrocéder cette île, qui restait attachée à son ancienne mère-patrie par la langue et les mœurs. Des négociations furent entamées, et elles aboutirent à un traité, signé le 10 août 1877, entre les deux gouvernements (1).

L'article 1 de cette convention portait : « S. M. le roi de Suède et » de Norwège rétrocède à la France l'île de Saint-Barthélemy et renonce, en con- » séquence, pour lui et tous ses descendants et successeurs, à ses droits et titres sur » ladite colonie. Cette rétrocession est faite sous la réserve expresse du consen- » tement de la population de Saint-Barthélemy, et, en outre, aux conditions énu- » mérées dans un protocole spécial qui sera annexé au présent traité et considéré » comme faisant partie intégrante. »

La population de l'île, ayant été consultée, se prononça pour la réunion aux possessions françaises par 351 voix et quelques abstentions. Dans la séance du 22 janvier, M. Lacascade, appuyant le projet de loi qui portait approbation du traité, prononça les paroles suivantes : « Pour obéir à des visées politiques autant » qu'à des nécessités commerciales, un monarque avait cédé, il y a tantôt un siè- » cle, à un autre monarque, toute une population française, et avait rivé à une » métropole étrangère une petite colonie à laquelle rien ne la rattachait jusqu'alors, » ni l'intérêt matériel, ni le sang, ni le drapeau. Aujourd'hui, Dieu merci ! le droit » public européen est bien modifié sous ce rapport ; aussi la rétrocession de l'île » Saint-Barthélemy ne vous a-t-elle été soumise qu'après un vote solennel et libre, » qu'après un véritable plébiscite de la population de l'île (2). »

Le traité du 10 août fut approuvé par le parlement français et le 15 mars 1878, le roi de Suède, relevant les habitants de l'île de tout lien de sujétion, disait dans sa proclamation : « Lorsque nous sommes entrés en négociations avec le gouvernement français au » sujet de la rétrocession de l'île Saint-Barthélemy à la France, l'unique sentiment

---

(1) Voyez le rapport de M. Jules Godin, député, *Journal officiel* du 29 janv. 1878
(2) *Journal officiel* du 23 janvier 1878.

» qui nous guida fut la conviction qu'ainsi il serait pourvu de la meilleure ma-
» nière aux intérêts de la colonie. L'unanimité avec laquelle vous vous êtes pro-
» noncés en faveur d'une union à la France a confirmé cette conviction en démon-
» trant que les liens naturels qui vous unissaient jadis à cette grande et noble na-
» tion n'ont rien perdu de leur force. »

Telle est l'histoire de cette théorie qu'il nous faut maintenant discuter et apprécier.

II

L'idée de soumettre aux populations les traités portant des cessions de territoires a soulevé de grandes controverses. Tandis que d'un côté on exagère les bienfaits de la théorie nouvelle, d'un autre côté on se livre, sans raisons sérieuses, à des attaques passionnées. Les écrivains qui se prononcent contre les plébiscites appliqués aux changements territoriaux des Etats suivent des voies différentes. Les uns, à l'exemple du cardinal Antonelli dans sa fameuse protestation, contestent le fondement même du vote populaire ; les autres, comme le ministre de François II, se contentent de signaler des abus et des dangers possibles.

En premier lieu, on a prétendu que le système du suffrage universel étendu à de pareilles questions devait entraîner la ruine et la destruction de tout Etat. Reconnaître aux habitants du pays cédé le droit de se prononcer sur des modifications de territoires, c'est, a-t-on dit, admettre un principe « pleinement » réprouvé par les lois immuables de la justice, les maximes » générales du droit des gens, les bases fondamentales de l'or » dre social et civil. » Cette objection ne saurait séduire ceux qui écoutent leur raison plutôt que leurs sentiments. Sous quels rapports le système, maintenant admis dans les usages du droit international, offre-t-il un caractère subversif? Une province, à la suite soit d'un arrangement diplomatique, soit d'une guerre malheureuse, va être placée sous une autre domination : il s'agit, dans cette situation, de demander aux populations du pays cédé quelle est leur opinion sur un point aussi grave. On apporte ainsi une limite aux caprices d'un souverain ou aux prétentions d'un vainqueur, sans introduire aucun élément de désordre au sein des divers pays. Et puis, comment nier le droit qu'a tout peuple de régler lui-même les condi-

tions de son existence! A une époque où d'une façon générale
on reconnaît que la patrie ne s'impose pas à l'individu, on ne
saurait permettre le démembrement d'un pays sans le consentement des principaux intéressés. Une pareille solution ne
serait-elle pas illogique et cruelle? Il faut donc préférer le
vote des citoyens aux réglementations arbitraires que fixe un
congrès ou aux exigences que dicte un conquérant.

Les publicistes qui ne veulent pas élargir le débat, craignant
de se placer sur un terrain peu solide, cherchent à ruiner le
système en montrant ses imperfections. Sans doute, disent-ils,
les votes devraient être pris en considération et respectés par
les gouvernements, s'ils étaient sincèrement et librement exprimés; mais le plus souvent ils seront ou obtenus par la corrup-
tion ou arrachés par la violence. Comment, en effet, les choses
vont-elles se passer? On fera entrevoir aux habitants du pays
qu'on veut accomplir de grandes réformes, on leur annoncera
la suppression d'impôts onéreux, la réduction du service mili-
taire, la concession d'avantages politiques et commerciaux. Le
plébiscite aura lieu avec enthousiasme dans un sens favorable
à l'annexion, puis le lendemain les promesses trompeuses seront oubliées. Alors chacun, voyant toutes choses maintenues
dans leur ancien état, comprendra, mais trop tard, qu'il a été
victime d'une funeste imprudence.

Et puis, si les flatteries paraissent insuffisantes, on aura re-
cours à l'intimidation. Grâce à une insurrection secrètement
encouragée, l'étranger arrivera à la réalisation de ses vues. Le
peuple appelé dans ses comices devra déposer les bulletins dans
l'urne au milieu des baïonnettes ennemies. C'est dans ces conditions que s'accomplira l'incorporation du territoire au nouvel
Etat : ainsi sera sanctionnée par le suffrage universel, au détri-
ment de la morale, une entreprise qui aura réussi grâce à une
audace inouïe. M. Bluntschli paraît résumer dans son ouvrage
ces défiances, lorsqu'il dit : « Cette forme est entrée dans les usages des
» peuples de race latine dans les derniers temps et par l'influence de Napoléon III.
» Elle répond aux tendances démocratiques de notre époque, satisfait le sentiment
» des masses, mais est exposée à un haut degré à des abus et à la constatation
» de majorités factices par l'appât d'avantages offerts aux électeurs (1). »

(1) Bluntschli, *Droit international codifié*, n° 286.

Ces inconvénients signalés nous paraissent d'abord un peu augmentés pour les besoins de la cause qu'on veut défendre. Dans notre exposé historique nous avons cité de nombreux exemples de plébiscites qui ont confirmé des changements territoriaux en Italie et nous avons rarement rencontré des pratiques blâmables. A peine quelques réclamations, émanant de princes dépossédés, ont signalé des actes répréhensibles dans deux scrutins. En admettant, du reste, la justesse de ces griefs, comment condamner un principe par ce seul motif qu'il doit entraîner des résultats déplorables, s'il est appliqué par des hommes peu scrupuleux? Les doctrines les plus sages et les plus heureuses ne favorisent-elles pas souvent des desseins monstrueux? Ecartant donc ces objections, nous nous demandons simplement si une conquête doit être injuste et cruelle ou si elle doit s'accomplir d'une façon régulière et humaine. La question étant posée dans ces termes, aucune hésitation n'est permise et la solution favorable aux vues nouvelles doit prévaloir. Nous croyons donc que dans l'état actuel des idées tout traité portant cession de territoire doit, après avoir été conclu par les agents du pouvoir exécutif, être soumis à l'approbation des représentants de la nation entière qui examineront l'étendue du sacrifice et à la ratification des populations qui régleront ainsi pour l'avenir leur mode d'existence. A mesure que la notion du droit s'affirmera dans les relations internationales, la souveraineté des peuples exercera une influence de plus en plus grande sur la politique générale. Nous nous associons pleinement aux espérances qu'un écrivain exprimait dans un livre récent : « On nous ojectera que les derniers événements donnent » à cette affirmation un sanglant démenti. Nous répondrons d'abord que la violation de ce principe a soulevé l'indignation publique et cette protestation des » consciences contre l'abus de la force prouve surabondamment que l'idée a pénétré les esprits au point de rendre plus difficile à l'avenir de nombreuses oppressions (1). »

(1) De La Guéronnière, *op. cit.*, I, p. 436.

REVUE GÉNÉRALE
DU DROIT, DE LA LÉGISLATION
ET DE LA JURISPRUDENCE
EN FRANCE ET A L'ÉTRANGER

DIRIGÉE PAR MM.

BARTHELON Conseiller à la Cour de Limoges ; **Alph. BOISTEL** Professeur à la Faculté de droit de Paris ; **Max. DELOCHE** de l'Institut ; **Th. DUCROCQ** Doyen de la Faculté de droit de Poitiers ;	**HUMBERT** Sénateur, Ancien professeur à la Faculté de droit de Toulouse, Procureur général près la Cour des comptes ; **Edm. LABATUT** Juge d'instruction au tribunal de Castres ; **Joseph LEFORT** Avocat à la Cour d'appel, Lauréat de l'Institut ;	**Fréd. MATHÉUS** Maître des requêtes au Conseil d'État ; **MICHAUX-BELLAIRE** Avocat au Conseil d'État et à la Cour de cassation ; **Aug. RIBÉREAU** Professeur à la Faculté de droit, à l'École de commerce et d'industrie de Bordeaux.

H. BROCHER | **SUMNER-MAINE**
Professeur de droit à l'Université | Professeur de droit à l'Université d'Oxford,
de Genève. | Membre du Conseil supérieur de l'Inde.

AVEC LE CONCOURS D'UN GRAND NOMBRE DE PROFESSEURS, DE MEMBRES DE LA MAGISTRATURE
ET DU BARREAU FRANÇAIS ET ÉTRANGER

La **Revue générale du droit** paraît tous les deux mois par livraisons de chacune six feuilles *au moins* grand in-8° cavalier, format de nos grandes revues littéraires, et forme, à la fin de l'année, un fort volume de 700 pages environ, imprimé sur beau papier en caractères neufs.

Le prix de l'abonnement est de **16 fr.** pour la France et les pays faisant partie de l'Union générale des postes. — Pour les autres pays, les frais de poste en sus.

BOISTEL (Alphonse), professeur agrégé à la Faculté de Paris. — *Précis du cours de droit commercial* professé à la Faculté de droit de Paris. 2ᵉ *édition*, revue, corrigée et considérablement augmentée. 1878. 1 très-fort vol. in-8.　　　　　　　　　　14 »

DUCROCQ (Th.), doyen et professeur de droit administratif à la Faculté de droit de Poitiers, etc., etc. — *Cours de droit administratif* contenant le commentaire et l'exposé de la législation administrative dans son dernier état, avec l'analyse ou la reproduction des principaux textes, dans un ordre méthodique. CINQUIÈME ÉDITION, très augmentée, mise au courant de la doctrine, de la jurisprudence, de la statistique, des programmes des cours dans les Facultés de droit et des concours à l'auditorat au conseil d'État et à la Cour des comptes, pour ceux du ministère de l'intérieur, du ministère des finances, de l'administration de l'enregistrement, des domaines et du timbre, aux grades de commissaires et d'aides-commissaires de la marine, d'élèves consuls, etc. 1877. 2 très forts vol. in-8 compactes, contenant la matière d'au moins quatre volumes ordinaires.　　　　　　　　　　18 »

KELLER (F.-L. de), professeur à l'Université de Berlin. — *De la procédure civile et des actions chez les Romains;* traduit de l'allemand et précédé d'une introduction par M. Charles CAPMAS, professeur à la Faculté de droit de Dijon. 1870. 1 beau vol. in-8.　　　　9 »

LEFORT (Joseph), lauréat de l'Institut, avocat à la Cour d'appel de Paris. — *Cours élémentaire de droit criminel.* 2ᵉ édition, revue et augmentée. 1879. 1 fort vol. in-8.　　　　8 »

SAVIGNY (de), professeur à l'Université de Berlin, membre de l'Institut de France. — *Le droit des obligations.* Traduit de l'allemand et accompagné de notes, par MM. C. GÉRARDIN, professeur de droit romain à la Faculté de droit de Paris ; et Paul JOZON, député, avocat à la Cour de cassation. DEUXIÈME ÉDITION, revue, corrigée et augmentée. 1873. 2 forts vol. in-8°, sur beau papier vélin.　　　　　　　　　　15 »

THÉZARD (Léopold), professeur à la Faculté de droit de Poitiers. — *Répétitions écrites sur le droit romain.* DEUXIÈME ÉDITION, refondue et considérablement augmentée. 1879. 1 vol. in-12.　　　　　　　　　　5 »

BARD ET ROBIQUET, avocats à la Cour d'appel de Paris. — *Droit constitutionnel comparé.* — La constitution française de 1875 étudiée dans ses rapports avec les constitutions étrangères. 2ᵉ édition, revue et augmentée. 1878. 1 vol. in-12.　　　　　　　　　　4 »

PERROT (Georges), membre de l'Institut. — *Essai sur le droit public d'Athènes* (Ouvrage couronné par l'Académie française). 1869. 1 vol. in-8°.　　　　　　　　　　6 »

PÉTIGNY (J. de), membre de l'Institut. — *Etudes sur l'histoire, les lois et les institutions de l'époque mérovingienne.* 1851. 3 vol. in-8°.　　　　　　　　　　18 »
Ouvrage couronné par l'Institut (Académie des inscriptions et belles-lettres).

RAMBAUD (Prosper), docteur en droit, répétiteur de droit. — *Précis élémentaire d'économie politique* à l'usage des facultés de droit et des écoles. 1880. 1 vol. in-18 jésus.　　　3 »